Angelika Kipp

Fensterbilder
mit Anhang

Fenster- und
Wandbilder
aus Tonkarton

frechverlag

Von der bekannten Autorin Angelika Kipp
sind im frechverlag zahlreiche weitere Kreativ-Titel erschienen.
Hier eine kleine Auswahl:

TOPP 2558

TOPP 2500

TOPP 2451

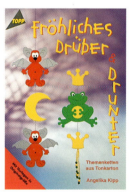

TOPP 2574

TOPP 2477

Zeichnungen: Berthold Kipp
Fotos: frechverlag GmbH + Co. Druck KG, 70499 Stuttgart;
Fotostudio Ullrich & Co., Renningen

Dieses Buch enthält:
2 Vorlagenbogen

Materialangaben und Arbeitshinweise in diesem Buch wurden von der Autorin und den Mitarbeitern des Verlags sorgfältig geprüft. Eine Garantie wird jedoch nicht übernommen. Autorin und Verlag können für eventuell auftretende Fehler oder Schäden nicht haftbar gemacht werden. Das Werk und die darin gezeigten Modelle sind urheberrechtlich geschützt. Die Vervielfältigung und Verbreitung ist, außer für private, nicht kommerzielle Zwecke, untersagt und wird zivil- und strafrechtlich verfolgt. Dies gilt insbesondere für eine Verbreitung des Werkes durch Film, Funk und Fernsehen, Fotokopien oder Videoaufzeichnungen sowie für eine gewerbliche Nutzung der gezeigten Modelle.

Auflage: 5.   4.   3.   2.   1. | Letzte Zahlen
Jahr: 2004 2003 2002 2001 2000 | maßgebend

© 2000

ISBN 3-7724-2616-6 · Best.-Nr. 2616

frechverlag GmbH + Co. Druck KG, 70499 Stuttgart
Druck: frechverlag GmbH + Co. Druck KG, 70499 Stuttgart

Fensterbilder mit Anhang

Hier handelt es sich nicht um einfache Fensterbilder aus Tonkarton, nein, jedes Motiv kommt mit einem Anhang oder mehreren Anhängseln daher.

Gerade deswegen ist in diesem Buch auch richtig was los! Das kleine Mädchen zeigt uns sein Lieblingsspielzeug, während die Katze die Maus zum Fressen gern hat. Baby Hase hat sich im Ostereierkorb auf dem Rücken seines Vaters versteckt und die bunten Fische schauen unter der Wasseroberfläche der Ente beim Schwimmen zu. Um das lustige Gespenst herum flattern die Fledermäuse, während der Bär in seiner warmen Höhle seinen Winterschlaf hält. Sicher träumt er vom nahenden Frühling! Nicht weit von der bunten Vogelscheuche auf dem Kürbisfeld entfernt landet ein Ufo auf der Erde. Die Maus und die Raupe lassen sich jedoch von solchen Geschehnissen nicht stören und machen sich genüsslich über den Käse und den Apfel her.

Neben Tonkarton habe ich Regenbogen-Fotokarton, Kuschelvlies, Wabenpapier, Hologrammfolie, Wellpappe und Tonkarton mit Punktemuster, Wackelaugen und Schleifenband verwendet um den Motiven noch mehr Pep zu geben.

Sie und Ihr Anhang werden sich sicher an netten Bastelwerken mit Anhang erfreuen. Ich wünsche Ihnen viel Spaß mit diesem anhänglichen Buch!

Ihre

    Angelika Kipp

Arbeitsmaterial

Bei jedem Motiv sind die verwendeten Papiere und Schleifen aufgeführt.

Zusätzlich wird benötigt:
- Dünne Pappe
- Transparentpapier
- Dünner Messingdraht
- Schwarzer und roter Filzstift
- Bleistift
- Radiergummi
- Schere
- Bastelmesser
- Schneideunterlage
- Klebstoff
- Locher
- Eventuell Kreisschablone (für Augen)
- Nähnadel
- Faden zum Aufhängen

Tipps und Tricks beim Basteln

Gestaltung des Motivs von der Vorder- und Rückseite

Ein frei hängendes Fensterbild sollte sowohl von der Vorder- als auch von der Rückseite gearbeitet werden. Hierzu benötigen Sie die meisten Teile in doppelter Ausführung. Die Teile werden auf der Rückseite spiegelbildlich, aber in der gleichen Reihenfolge wie auf der Vorderseite, angeordnet.

Fensterbildgröße

Damit Sie sich die Größe des Fensterbildes besser vorstellen können, haben wir bei jeder Anleitung die jeweilige Motivhöhe in Zentimetern angegeben.

So entsteht eine Schleife

1+2 Legen Sie das Schleifenband wie auf Abbildung 1 und 2 gezeigt zu einer Schleife zusammen.

3 Mit einem dünnen Draht wird die Schleife dort, wo sich die Bänder treffen, zusammengerafft und mehrmals straff umwickelt. Zum Schluss werden die Drahtenden miteinander verdreht. Umwickeln Sie die Raffstelle mit dem dünnen Schleifenband und verknoten Sie es auf der Rückseite.

Schritt für Schritt erklärt

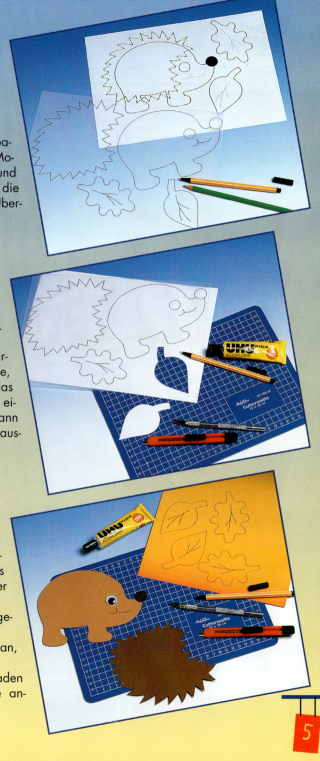

1. Legen Sie das Transparentpapier auf das ausgewählte Motiv auf dem Vorlagenbogen und übertragen Sie mit einem Stift die benötigten Einzelteile ohne Überschneidungen.

2. Kleben Sie das bemalte Transparentpapier auf eine dünne Pappe und schneiden Sie die Einzelteile heraus. Fertig sind die Schablonen! Mithilfe dieser Schablonen arbeiten Sie die benötigten Teile, indem Sie sie einfach auf das gewünschte Papier legen, mit einem Bleistift umfahren und dann die einzelnen Teile sorgfältig ausschneiden.

3. Zeichnen Sie – falls erforderlich – die Gesichter und alle anderen Innenlinien mit schwarzem Filzstift auf (siehe Vorlagenbogen). Statt des aufgemalten Auges wird hier ein Wackelauge benötigt.
Fügen Sie die Einzelteile zum gewünschten Motiv zusammen.
Bringen Sie nun Schleifen an, wenn nötig.
Mit einer Nadel und einem Faden werden die einzelnen Motive an- oder ineinander gehängt.

5

Bunte Sänger

Motivhöhe ca. 35,5 cm

- Tonkarton in Silber
- Regenbogen-Fotokarton

Die kleinen Flugkünstler benötigen jeweils das aufgemalte Auge sowie den Schnabelstrich (gepunktete Linie). Der Flügel wird immer von vorn ergänzt. Setzen Sie die Vögelchen auf und in den silbernen Käfig.

So ein Vogelhäuschen bringt viel Freude und Gesang in Ihr Heim!

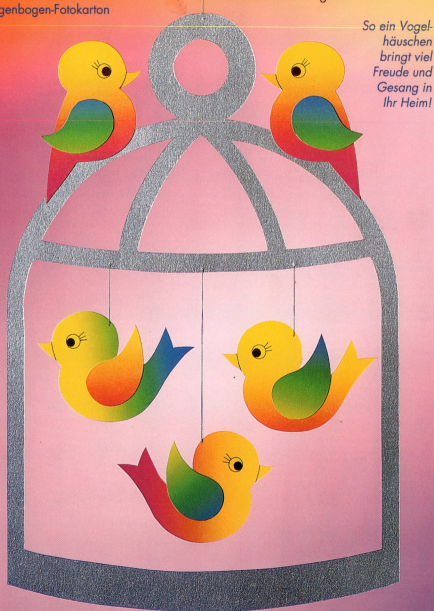

Meine liebsten Spielzeuge

Motivhöhe Puppe: ca. 25,5 cm

- Fotokarton in Rot, Schwarz, Weiß, Gelb, Orange, Grün, Hell- und Dunkelblau
- Regenbogen-Fotokarton
- Schleifenband in Rot, 2,5 cm breit, 50 cm lang
- Schleifenband in Rot, 0,4 cm breit, 10 cm lang

Zeichnen Sie dem Mädchen das Gesicht und die Flickennähte auf. Das zusammengefügte Kopfteil wird auf dem vierteiligen hübschen Kleid fixiert.
Das Fußpaar mit den Schuhen und Söckchen wird von hinten ergänzt. Zwei rote Schleifen sind um die Zöpfe gebunden.

Zwischen den Handteilen hält das Mädchen den montierten Kreisel und den bunten Ball, die jeweils an einem Faden befestigt sind.

Und wer spielt nun mit mir?

Wohl behütet

Motivhöhe Eiform: ca. 28 cm

- Kuschelvlies in Gelb
- Tonkarton in Weiß und Orange
- Gemustertes Schleifenband, 4 cm breit, 45 cm lang
- Schleifenband in Gelb, 0,4 cm breit, 33 cm lang
- Wackelauge, ø 2 cm

Der Kükenkörper wird aus Tonkarton ausgeschnitten und mit dem Kuschelvlies beklebt.
Ergänzen Sie den Schnabel und das Fußpaar von hinten, das Wackelauge von vorne. Das Küken wird mit dem schmalen Schleifenband im mit einer großen Schleife geschmückten Ei aufgehängt.

Durch die Eierschale wohl behütet, wartet das Küken darauf, dass die harte Hülle aufbricht.

Überraschung!

Motivhöhe ca. 41 cm

- Tonkarton in Hell- und Dunkelbraun, Weiß, Gelb, Rot, Orange, Blau, Grün, Pink
- Blauer Tonkarton mit gelben Punkten
- Wackelauge, ø 1,8 cm

Zeichnen Sie die Hasengesichter und alle gepunkteten Linien (siehe Vorlagenbogen) auf. Der linke Arm ist schwarz umrandet, damit er sich besser vom Körper trennt. Ergänzen Sie die Innenohrteile, die gepunktete Hose sowie beim kleinen Hasen das Hemd mit den zwei Knöpfen.

Füllen Sie den Tragekorb mit den Eiern und platzieren Sie diese samt Arm am großen Osterhasen. Das Schwänzchen wird von hinten angeklebt.

Der Osterhasen-Nachwuchs hat sich im Korb versteckt.

Ob der Papa ihn dort drinnen entdeckt?

Hurra, der Clown ist wieder da!

Motivhöhe Clown: ca. 15,5 cm

- Tonkarton in Schwarz, Orange, Weiß, Rot, Gelb
- Regenbogen-Fotokarton
- Rote Wellpappe mit weißen Punkten
- Wabenpapier in Regenbogenfarben
- 2 Pompons in Blau, ø 2 cm

Für die Zirkusvorstellung benötigt der lustige Gesell sein aufgemaltes Gesicht (siehe Vorlagenbogen). Kleben Sie das Mundteil und die Nase auf und fixieren Sie das Gesicht auf dem Wuschelhaar.
Der zweiteilige Hut ist von vorn aufgesetzt. Das Fuß- und das Handpaar wird hinter dem gepunkteten Anzug aus Wellpappe befestigt. Zwei aufgeklebte Pompons schmücken den Anzug. Nun wird der Kopf auf dem Körper fixiert.
Für die bunten Bälle benötigen Sie einen Kreis aus Tonkarton sowie einen Halbkreis aus Wabenpapier (siehe Vorlagenbogen).
Beim Wabenpapierhalbkreis sollten die Klebelinien des Papiers parallel zu den auf der Vorlage eingezeichneten Pfeilen verlaufen. Setzen Sie den Wabenpapierhalbkreis mittig auf den Tonkartonkreis, klappen Sie ihn zu beiden Seiten auf und kleben Sie ihn fest. So entsteht ein schönes Muster.
Der Clown sowie die Bälle werden am dreiteiligen Zeltdach befestigt.

Nun kann die Vorstellung beginnen!

Im siebten Käsehimmel

**Motivhöhe Maus:
ca. 23,5 cm**

- Tonkarton in Hell- und Mittelgrau, Orange, Gelb, Schwarz
- Wackelauge, ø 1,8 cm

Damit das Mäuschen seine leckere Mahlzeit genießen kann, zeichnen Sie ihm das Gesicht und alle gepunkteten Linien (siehe Vorlagenbogen) auf. Das rechte Ohr ist schwarz umrandet, damit es sich besser vom Körper trennt.

Kleben Sie das Wackelauge und das rechte Ohr auf und setzen Sie die Maus hinter die Stange, bevor das Fußpaar von vorne fixiert wird.

Die Käsestücke erhalten die zweiteiligen Löcher und werden an die Stange gehängt bzw. der Maus zwischen die Pfoten gegeben.

Guten Appetit!

Zum Fressen gern!

Motivhöhe Katze: ca. 31 cm

- Tonkarton in Rosa, Hell- und Dunkelgrau
- Jeweils 2 Wackelaugen, ø 1,8 cm und 0,8 cm

Katze und Maus benötigen ihre aufgemalten Gesichter und alle gepunkteten Linien (siehe Vorlagenbogen).
Bringen Sie die Wackelaugen an. Die Katze erhält ihr Fellmuster und die Innenohrteile, die Maus die Ohren.
Fügen Sie bei den Tieren jeweils das Kopf- und Körperteil zusammen.

Die beiden haben sich – wie man sieht – wirklich zum Fressen gern!

Über und unter Wasser

**Motivhöhe
Ente mit Welle:
ca. 18 cm**

- Tonkarton in Weiß, Orange, Blau, Rot, Gelb, Grün
- Kuschelvlies in Weiß
- Hologrammfolie in Silber
- Wackelaugen, ø 1,8 cm (1 x) und 1 cm (3 x)

Für die Ente schneiden Sie die Körperform aus weißem Tonkarton heraus und bekleben sie mit dem Kuschelvlies. Der Schnabel wird hinter, das Auge auf den Körper geklebt. Setzen Sie die Ente ins Wasser.
Nachdem die Fische ihr aufgezeichnetes Maul erhalten haben, bekommen sie ihr farbiges Körperteil aufgeklebt. Die Körperflosse sowie die mithilfe eines Lochers ausgestanzten Punkte sind aus Hologrammfolie.

Mit ihren Wackelaugen schauen die Fische der über ihnen schwimmenden Ente zu. Eine interessante Perspektive!

Schiff ahoi!

Abbildung Seite 16

- Tonkarton in Rot, Hellblau, Mittelblau, Gelb, Grün
- Regenbogen-Fotokarton
- 2 Wackelaugen, ø 1 cm

Die schnellen Schwimmer bekommen ihren Mund aufgemalt und die Wackelaugen sowie das Bauchteil aufgeklebt.
Richten Sie den Mast im Segelboot auf und setzen Sie die bunten Segel, die von hinten am Mast befestigt werden. Die Fahne wird von vorn gehisst.
Nachdem das Schiff ins Wasser gesetzt wurde, können Sie die Delfine aufhängen, damit sie das Segelboot begleiten.

Schiff ahoi!

Froschgesänge

Abbildung Seite 17

- Tonkarton im Mittel- und Dunkelgrün, Gelb, Rot, Weiß
- Regenbogen-Fotokarton

Damit Frosch Fritz mit seinen Gesängen die Teichbewohner erfreuen kann, zeichnen Sie alle gepunkteten Linien (siehe Vorlagenbogen) und die Froschpupillen auf. Der laute Quaker wird mit einigen bunten Noten auf dem Seerosenblatt fixiert.
Andere Noten werden unten am Blatt angehängt.

Froh gelaunt trällert er seine Melodien!

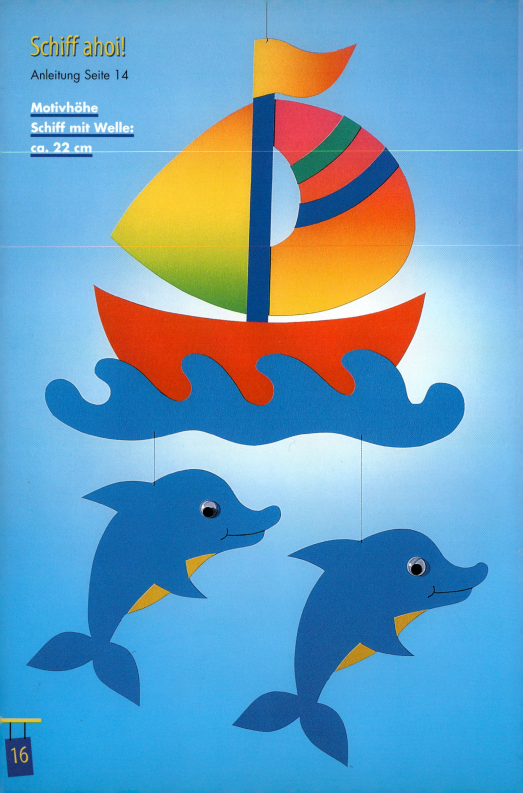

Mein Mittagessen

Motivhöhe ca. 35,5 cm

- Tonkarton in Mittel- und Dunkelbraun, Weiß, Gelb, Orange

Das Duo benötigt seine aufgemalten Augen sowie alle gepunkteten Linien (siehe Vorlagenbogen).

Die schwarze Schnauze des Fuchses ist ebenfalls angemalt. Meister Reineke erhält sein Auge, das Innenohrteil und die typische weiße Schwanzspitze. Die Ente bekommt den Schnabel und das Fußpaar von vorn aufgeklebt.

Liebe geht eben durch den Magen!

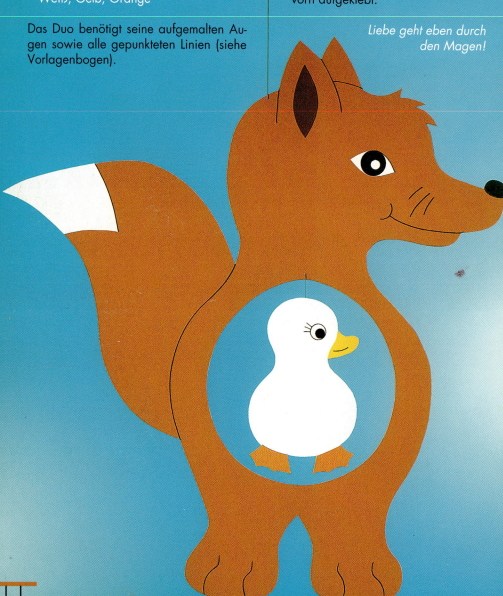

Meine Lieblingsspeise

Motivhöhe ca. 35 cm

▶ Tonkarton in Rot, Braun, Grün, Gelb, Weiß, Blau, Schwarz

Zeichnen Sie die Wimpern, die Pupillen und den Mund der Raupe auf. Das weiße Augenteil, die Nase und die Haare werden auf den Kopf geklebt. Der rote Körper erhält die farbigen Teile und wird hinter dem Kopf fixiert.
Kleben Sie die schwarze Blüte, den Stiel und das Blatt auf den leckeren Apfel. Die gelbe angeknabberte Stelle wird hinterklebt.

Ein leckerer Schmaus!

Besuch aus dem All!

Motivhöhe ca. 37,5 cm

- Tonkarton in Mittelgrau, Gelb, Rot, Grün, Weiß
- Hologrammfolie in Gold
- Wabenpapier in Gelb

Zeichnen Sie dem Männchen das Gesicht und alle gepunkteten Linien (siehe Vorlagenbogen) auf. Die Nase, das rote Mundinnenteil, das Augenpaar sowie die Fühlerenden werden aufgeklebt.
Für das gelbe Bauchteil benötigen Sie einen gelben Tonkartonkreis und einen Halbkreis aus Wabenpapier (siehe Vorlagenbogen). Beim Wabenpapierhalbkreis sollten die Klebelinien des Papiers parallel zu den auf der Vorlage eingezeichneten Pfeilen verlaufen. Setzen Sie den Wabenpapierhalbkreis mittig auf den Tonkartonkreis, klappen Sie ihn zu beiden Seiten auf und kleben Sie ihn fest. Das Männchen erhält so einen lustigen dicken Bauch.
Montieren Sie das Ufo. Die gelben Sterne werden mit der Hologrammfolie beklebt, wobei ein Tonkartonstern auf die selbstklebende Rückseite der Folie gelegt wird und dann die Konturen mit einem Schneidemesser nachgezogen werden. Die Sterne verschönern das Flugobjekt.

Mal sehen, was es auf der Erde alles zu entdecken gibt!

Herbst-stimmung

Anleitung
Seite 24

22

Geisterstunde

Motivhöhe Gespenst ca. 35 cm

- Tonkarton in Weiß, Rot, Gelb, Blau

Zeichnen Sie dem Gespenst und den Fledermäusen die Gesichter und alle gepunkteten Linien (siehe Vorlagenbogen) auf.

Das Gespenst erhält seine aufgeklebte Nase und schon flattern die Fledermäuse um das Geschöpf der Nacht herum.

Hui, hui!

23

Herbst-stimmung

Abbildung Seite 22

Motivhöhe Igel: ca. 14,5 cm

- Tonkarton in Hell- und Mittelbraun
- Regenbogen-Fotokarton in Herbstfarben
- Wackelauge, ø ca. 1,8 cm

Zeichnen Sie die Rippenstruktur auf die Herbstblätter und den Mund sowie die schwarze Nase auf das Igelgesicht. Mit dem Wackelauge und dem Stachelkleid macht das Tier einen zufriedenen Eindruck.
Ein Blatt hat sich auf dem Stachelkleid festgesetzt, die anderen Blätter sind bereits von den Bäumen geweht und hängen unter dem Igel.

Das ist Herbststimmung pur!

Schlaft schön!

Motivhöhe Mond mit Wolken: ca. 26 cm

- Tonkarton in Gelb, Weiß, Rot, Rosa, Hell- und Dunkelblau
- Klebesternchen in Gold, 1,5 cm
- Metallglöckchen, 3 cm hoch
- Goldband

Zeichnen Sie dem Mond das Auge und den Schäfchen die Gesichter auf (siehe Vorlagenbogen). Der Mond trägt eine zweiteilige Mütze, die mit Goldsternchen geschmückt ist. Am Ende der Mütze wird mit einem Goldband das Glöckchen befestigt. Einige Wolken ziehen am Mond vorbei.
Die Schäfchen erhalten je ein Halsband, bevor das Ohr aufgesetzt wird. Auf jeweils eine Wolke gesetzt, verbringen sie die Nacht in der Nähe des Mondes, der über ihre Träume wacht.

Gute Nacht und schlaft recht schön!

Auf dem Kürbisfeld

Motivhöhe ca. 43 cm

- Tonkarton in Gelb, Orange, Rot, Blau, Grün, Braun
- Regenbogen-Fotokarton

Zeichnen Sie der Vogelscheuche, den Vögeln und dem Kürbis alle schwarz markierten Stellen sowie gepunkteten Linien (siehe Vorlagenbogen) auf. Die Zunge der Scheuche wird rot ausgemalt.
Platzieren Sie das Gesicht auf dem Haarteil und fixieren Sie den zweiteiligen Hut. Die geflickte Bluse und die ausgebesserte Hose werden aufeinander fixiert. Die gelben Strohteile werden von hinten, das Kopfteil wird von vorn ergänzt.
Stellen Sie die Vogelscheuche auf den braunen Ständer und befestigen Sie die dreiteiligen Vögel aus Regenbogen-Fotokarton an den Armen. Ein großer zweiteiliger Kürbis liegt der Vogelscheuche zu Füßen.

Auf dem Kürbisfeld ist die Vogelscheuche freundlich zu jedem!

Ein gefüllter Nikolaussack

Abbildung Seite 28

Um den Nikolaussack füllen zu können zeichnen Sie die gepunktete Linie (siehe Vorlagenbogen) auf die Trompete. Sie wird ebenfalls mit einem Stern versehen. Fügen Sie die Trommelteile zusammen und platzieren Sie die zweiteiligen Trommlerstäbe darauf. Das Paket wird mit einem Tonkarton-Schleifenband und einem Stern verziert.
Hängen Sie die Geschenke in den Sack und schmücken Sie ihn mit einem Tannenzweig samt Stern. Eine Goldschleife schmückt den Nikolaussack.

Wo bleibt nur der Weihnachtsmann?

Winterzeit

Abbildung Seite 29

Der nette Schneemann braucht sein aufgemaltes Gesicht sowie die Knöpfe. Dem Vögelchen malen Sie die Pupille auf.
Gegen die Kälte schützen den Schneemann ein zweiteiliger gepunkteter Schal und ein zweiteiliger Zylinder. Nun fehlt ihm noch die Möhrennase. Ein kleiner Vogel mit aufgeklebtem Auge, Schnabel und Flügel leistet dem weißen Herrn, an dem einige Eiskristalle befestigt sind, Gesellschaft.

Wenn es so große Schneeflocken schneit, fühlt sich der Schneemann am wohlsten.

Ein gefüllter Nikolaussack

Anleitung Seite 26

Motivhöhe: ca. 37 cm

- Tonkarton in Hellbraun, Gelb, Rot, Grün, Hell- und Dunkelblau
- Schleifenband in Gold, 4 cm breit, 60 cm lang
- Dünnes Kordelband in Gold, 10 cm lang

28

Winterschlaf

Motivhöhe ca. 21,5 cm

- Tonkarton in Mittelgrau, Weiß, Rot, Hell- und Mittelbraun

Zeichnen Sie dem Bären das Gesicht und alle gepunkteten Linien (siehe Vorlagenbogen) auf.
Der Schal wird am Körper und das Kopfteil mit den aufgesetzten Innenohrteilen darauf fixiert.
In einer Höhle hält Meister Petz seinen Winterschlaf. Der Schnee hat die Landschaft weiß gefärbt.

Erst in einigen Monaten erwacht die Natur wieder zum Leben.

Plätzchenduft liegt in der Luft

Motivhöhe Lebkuchenmann:
ca. 17 cm

▶ Tonkarton in
Vanillefarben,
Mittelbraun, Rot,
Gelb, Grün

Zeichnen Sie das Gesicht des Lebkuchen-
männchens sowie alle gepunkteten Linien
(siehe Vorlagenbogen) auf. Das Nudelholz wird zusammengebaut und mit dem
Tannenzweig, der Schleife und dem
Stern geschmückt. Platzieren Sie die
Mandeln am Gebäck und befestigen Sie
die Teile am Nudelholz.

*Fröhliches Weihnachts-
backen und -naschen!*